Livre de recettes

Harry Potter

Pour les Moldus

Par Cassandra Bouclé

Sommaire

Le poudlard express..04
L'école des sorciers..20
L'atelier de potions..76
Chez les amis d'Harry Potter..92

Introduction

Harry Potter est un livre écrit par J. K. Rowling, où un jeune garçon se retrouve inscrit dans Poudlard, une école de sorciers. Commence alors son aventure.

Cette saga a été retranscrite dans plusieurs formats, comme les jeux vidéo, le cinéma et même le théâtre. Il était donc normal qu'un livre de recettes sur cet univers voit le jour.

Le monde d'Harry Potter regorge de nombreux plats sortant de l'imagination de son créateur, ainsi que les recettes typiquement anglaises.

Tout le monde connaît les fameuses dragées surprises, au goût parfois déroutant. Ou encore les Chocogrenouilles, une friandise pleine de rebond.

En tant que fan d'Harry Potter, peut-être vous êtes-vous posé cette question :

Quel goût a la patacitrouille ou le fondant du Chaudron ?

Ce livre vous permettra ainsi de faire un voyage culinaire tout en respectant l'univers d'Harry Potter.

J'ai également voulu que ce livre soit pratique et fait pour les fans de la saga. À chaque page sa recette avec la liste des ingrédients, quelques conseils et la photo du plat.

En regroupant ces recettes, j'ai essayé de penser aux fans d'Harry Potter qui doivent prendre plaisir à cuisiner. Les recettes se veulent simples avec des ingrédients faciles à se procurer.

Vous pourrez ainsi avoir la possibilité d'organiser une soirée à thème, en offrant à vos invités les plats magiques venant du monde des sorciers.

J'espère que cet ouvrage trouvera une place dans vos étagères, à côté de vos tomes d'Harry Potter. En espérant que vous apprécierez ces petits plats et que vous aimerez créer vous-même les petites friandises uniques d'Harry Potter.

En espérant vous voir cette année à Poudlard !

Poudlard Express

Jus de citrouille.....06
Dragées surprises de Bertie Crochue.....08
Chocogrenouilles.....10
Baguettes magiques à la réglisse.....12
Patacitrouilles.....14
Fondants du Chaudron.....16
Sandwichs faits par Mme Weasley.....18

Jus de citrouille

- 250 g de chair de potiron.
- 20 cl de jus d'orange.
- 25 cl de lait.
- 4 cl de sirop de sucre de Canne.

20 minutes

15 personnes

15 minutes

Si vous êtes allergique au lait, vous pouvez le remplacer par de l'eau. De même, vous pouvez changer le sirop de sucre de Canne par du miel.

1 - Prélevez la chair du potiron et coupez-la en petits morceaux.

2 - Dans une casserole, mettez l'eau et les cubes de potiron. Faites chauffer jusqu'à ébullition. Puis cuisez encore pendant 15 minutes jusqu'à ce que les cubes ramollissent.

3 - Mixez le tout avec le jus d'orange, le lait et le sirop de sucre de Canne.

4 - Servir frais avec des glaçons.

Dragées surprises de Bertie Crochue

- 100 g de sucre.
- 1 c. à soupe de sirop de glucose.
- 1 c. à café de maïzena.
- 4,5 cl d'eau.

Pour le sirop de sucre :
- 225 g de sucre.
- 25 cl d'eau.
- Plusieurs arômes.
- Plusieurs colorants.

3H30

30 dragées

5 minutes

Pour récupérer l'arôme de hareng, de viande ou d'autres éléments « dégoûtants » faites les cuire et récupérer leur jus, ou faites-les infuser dans de l'eau.

1 - Dans une casserole, versez le sucre, le sirop de glucose , la maïzena et recouvrez d'eau. Mélangez le tout. Faites chauffez jusqu'à 120 °C, plus retirez du feu.

2 - Prenez un moule en forme de dragée et versez-y la préparation. Mettez au frais pendant 3 heures.

3 - Dans une casserole, versez le sucre et l'eau pour faire le sirop. Mélangez bien.

4 - Faites chauffer jusqu'à l'ébullition et jusqu'à ce que le sucre soit fondu. Répartissez le sirop dans différents bols auquels vous ajoutez quelques gouttes de colorant et d'arôme de votre choix.

5 - Démoulez les dragées de sucre. Dans un bol déposez-en quelques-unes, déposez 2 cuillères à soupe de l'arôme de votre choix, ainsi que 2 cuillères à soupe de sucre. Mélangez jusqu'à ce que les dragées soient entièrement recouvertes.

6 - Nettoyez l'excédent de sucre en les passant au chinois.

EVERY
FLAVOUR
BEANS™

Chocogrenouilles

- 350 g de chocolat au lait.
- 100 g de pâte de pralin.
- 130 g de chocolat noir.
- 6 crêpes dentelles.

1H30

16 chocolats

15 minutes

Pour plus de gourmandise, vous pouvez par exemple ajouter à la garniture de chocolat noir du riz soufflé, des morceaux de noisettes ou des raisins secs.

1 - Dans un bol, mettez la pâte de pralin. Puis faites fondre le chocolat noir au bain-marie.

2 - Écrasez les crêpes dentelles.

3 - Versez le chocolat fondu sur la pâte de pralin et mélangez le tout. Puis ajoutez les crêpes dentelles émiettées et réservez à température ambiante.

4 - Au bain-marie, faites fondre votre chocolat au lait jusqu'à atteindre les 45°C. Aidez-vous d'un thermomètre pour être le plus précis possible.

5 - Hors du feu, faites descendre la température du chocolat jusqu'à 27°C. Pour accélérer le refroidissement, vous pouvez mettre votre chocolat dans un bain-marie d'eau froide avec des glaçons.

6 - Remettez ensuite votre chocolat dans votre bain-marie d'eau chaude jusqu'à ce que la température du chocolat remonte à 30°C.

7 - Remplissez vos moules en forme de grenouille avec le chocolat. Utilisez un pinceau pour faire les côtés.

8 - Puis remplissez l'intérieur de chaque grenouille avec la garniture. Recouvrez avec le chocolat au lait fondu, puis laissez-le durcir à température ambiante quelques heures avant de démouler.

Baguettes magiques à la réglisse

- 120 g de beurre.
- 225 g de sucre.
- 19 cl de miel.
- 12,5 cl de lait concentré sucré.
- Une pincée de sel.
- 90 g de farine tamisée.
- 2 c. à soupe d'extrait d'anis.

1H00

20 baguettes

10 minutes

Si vous n'aimez pas l'anis, vous pouvez le remplacer par de l'arôme de caramel.

1 - Dans une casserole, mettez le beurre, le sucre, le miel et le lait concentré sucré. Mélangez le tout.

2 - Chauffez la préparation à feu moyen jusqu'à ce qu'elle atteigne environ 125 °C. Servez-vous d'un thermomètre de cuisson pour vous aider.

3 - La température optimale atteinte, incorporez la farine et l'arôme d'anis rapidement, car la farine brunira sous la chaleur.

4 - Éteignez le feu et versez la préparation dans un moule en silicone rectangulaire.

5 - Laissez refroidir 20 minutes, puis démoulez la réglisse. Utilisez un couteau pour couper de longs triangles.

6 - Tordez les triangles en formes de baguettes et déposez-les sur une plaque recouverte de papier sulfurisé. Mettez au réfrigérateur pendant 20 minutes.

Patacitrouille

- Une pâte feuilletée.
- 100 g de sucre.
- 1 c. à soupe de miel.
- 1 c. à c. de cannelle.
- 1 jaune d'œuf.
- 200 g de potiron.
- 100 g de noisette.
- 50 g de raisins.

30 minutes

8 patacitrouilles

15 minutes

1 - Préchauffez le four à 180°C.

2 - Épluchez le potiron et coupez-le en petits cubes.

3 - Concassez les noisettes. Mettez les raisins dans un peu d'eau pour les réhydrater.

4 - Dans une poêle beurrée, faire cuire les dés de potiron pendant 15 minutes à couvert, en mélangeant régulièrement et en les écrasant un peu.

5 - Ajoutez le sucre, les noisettes concassées, les raisins et le miel. Mélangez et faite cuire quelques minutes supplémentaires. Saupoudrez de cannelle, et mélangez bien. Mettez de côté.

6 - Étalez la pâte feuilletée. À l'aide d'un emporte-pièce rond, découpez des grands et des petits cercles.

7 - Remplissez chaque grand cercle d'une cuillère à soupe de garniture. Mettez un petit cercle par-dessus le grand, puis pincez en humidifiant légèrement les bords de la pâte pour bien qu'ils collent entre eux.

8 - Incisez quatre fois la pâte pour créer de petites cheminées. Puis badigeonnez de jaune d'œuf.

9 - Enfournez pendant 15 minutes.

Vous pouvez rajouter plus d'épices, comme de la noix de muscade. Vous pouvez également changer les noisettes par d'autres fruits à coque.

Fondants du Chaudron

- 120 g de beurre.
- 120 g de chocolat noir.
- 3 œufs.
- 100 g de sucre.
- 80 g de farine.
- 1 c. à café de levure chimique.
- 1 pincée de sel.

La crème :
- 2 jaunes d'œufs.
- 20 cl de lait.
- 40 g de sucre.
- 1.5 c. à café de pâte de pistache.

35 minutes

8 Fondants

20 minutes

1 - Faites fondre le chocolat et le beurre dans une casserole à feu doux. Mettez la préparation dans un saladier et laissez-la reposer 5 minutes.

2 - Ajoutez au mélange le sel et les œufs. Mélangez jusqu'à obtenir une pâte homogène.

3 - Incorporez le sucre, la levure et la farine. Bien mélangez.

4 - Beurrez des moules individuels ronds et versez la pâte dedans. Enfournez pendant 15 à 20 minutes à 180 °C.

5 - Pendant ce temps, dans une casserole faites chauffer le lait avec la pâte de pistache tout en mélangeant.

6 - Dans un saladier, fouettez les jaunes d'œufs avec le sucre jusqu'à obtenir un mélange mousseux.

7 - Versez le lait chaud sur le mélange jaune/sucre et mélangez, puis transvasez le tout dans la casserole et laissez épaissir à feux doux tout en remuant pendant environ 10 minutes. Versez la crème dans un plat et laissez refroidir.

8 - Démoulez les fondants et versez la crème à la pistache au dessus, avant de servir.

Si vous trouvez que la couleur de la crème n'est pas assez verte, vous pouvez rajouter du colorant vert lors de la préparation.

Sandwichs faits par Mme Weasley

- 4 c. à soupe de beurre ramolli.
- 4 tranches de pain de seigle.
- 2 c. à soupe de mayonnaise.
- 4 c. à café de ketchup.
- 5 gouttes de sauce Worcestershire.
- 1 boîte de corned-beef.
- 1 oignon.
- 1 poivron mariné.
- 8 tranches de gouda.
- Sel et poivre.

1 - Dans un bol, mélangez la mayonnaise, le ketchup, et la sauce Worcestershire jusqu'à obtenir une sauce. Salez et poivrez.

2 - Dans une poêle, faites revenir dans un peu d'huile un gros oignon coupé en rondelles. Laissez blondir.

3 - Étalez la sauce sur les tranches de pain. Puis, garnissez-les de tranches de gouda, de poivron mariné, de corned-beef et d'oignons. Pour finir, ajoutez de nouveau des tranches de poivron mariné, de tranches de fromage et une tranche de pain de seigle.

5 minutes

2 sandwichs

2 minutes

Pour les plus gourmands, vous pouvez passer le sandwich au four pendant 3 à 5 minutes à 170 °C.

L'école des sorciers

Steak et purée de pommes de terre 22
Porridge 24
Tourte de bœuf aux rognons........................26
Rosbif et ses légumes....................................28
Sang de licorne..30
Hachis Parmentier..32
Gâteau de riz...34
Tarte à la mélasse 36
Marshmallows et pancakes...........................38
Sandwich à la dinde.......................................40
Le goulasch...42
Petit-déjeuner du sorcier..............................46
Poulet & pommes de terre sautées...............48
Côtelettes d'agneau et haricots blancs........50
Saucisses et choux de Bruxelles...................52
Ragoût de bœuf..54
Sandwichs au poulet et au jambon...............56
Gratin...58
Frites et ses sauces 60
Bonbons à la menthe 62
Éclair au chocolat...64
Gâteau au chocolat...66
Gâteau à la confiture......................................68
Dinde & cubes de citrouille..........................70
Tarte à la citrouille..72
Pudding de Noël...74
Bûche de Noël...78

Steak et purée de pommes de terre

- 4 steaks de bœuf.
- 1 c. à soupe d'huile de tournesol.
- 20 g de beurre.
- 1 oignon.
- 1 gousse d'ail.
- 2 c. à soupe de sauce Worcestershire.
- 20 cl de crème fraîche.
- sel et poivre.

La purée :
- 1 kg de pommes de terre.
- 125 g de beurre.
- 4 c. à soupe de crème fraîche.
- 2 gros oignons.
- 1 tête d'ail.

45 minutes

4 personnes

40 minutes

Vous pouvez rajouter une cuillère à soupe de cognac dans la sauce, pour lui donner plus de caractère.

1 - Émincez l'oignon et la gousse d'ail.

2 - Dans une poêle, faites fondre le beurre et ajoutez-y l'ail, l'oignon et la sauce Worcestershire. Ajoutez la crème fraîche. Puis salez et poivrez.

3 - Épluchez les deux oignons, les pommes de terre et la tête d'ail. Coupez les oignons et les pommes de terre en rondelles. Puis mettez l'ail, l'oignon et les pommes de terre dans une casserole recouverte d'eau.

4 - Laissez cuire doucement pendant 30 minutes. Lorsque les pommes de terre sont cuites, égouttez-les avec l'ail et l'oignon.

5 - Déposez le tout dans un plat et écrasez les grossièrement avec une fourchette ou un écrase purée. Ajoutez le beurre et la crème fraîche.

6 - Dans une autre poêle, versez l'huile. Faites cuire les steaks de bœuf pendant 2 minutes sur chaque face.

7 - Dans des assiettes déposez les steaks, un peu de purée et recouvrez de sauce.

Porridge

- 100 g de flocons d'avoine.
- 45 g de raisins secs.
- 75 cl de lait.
- Du sucre.

1 - Dans une casserole, mettez le lait, les flocons d'avoine et les raisins. Puis portez le tout à ébullition.

2 - Cuisez pendant 5 minutes en remuant constamment.

3 - Sucrez et servez aussitôt.

10 minutes

2 personnes

5 minutes

Les raisins secs peuvent être remplacés par d'autres fruits secs (abricots, bananes, pruneaux, pommes...). Vous pouvez également remplacer le sucre par du sirop d'érable, du miel ou du sucre de canne..

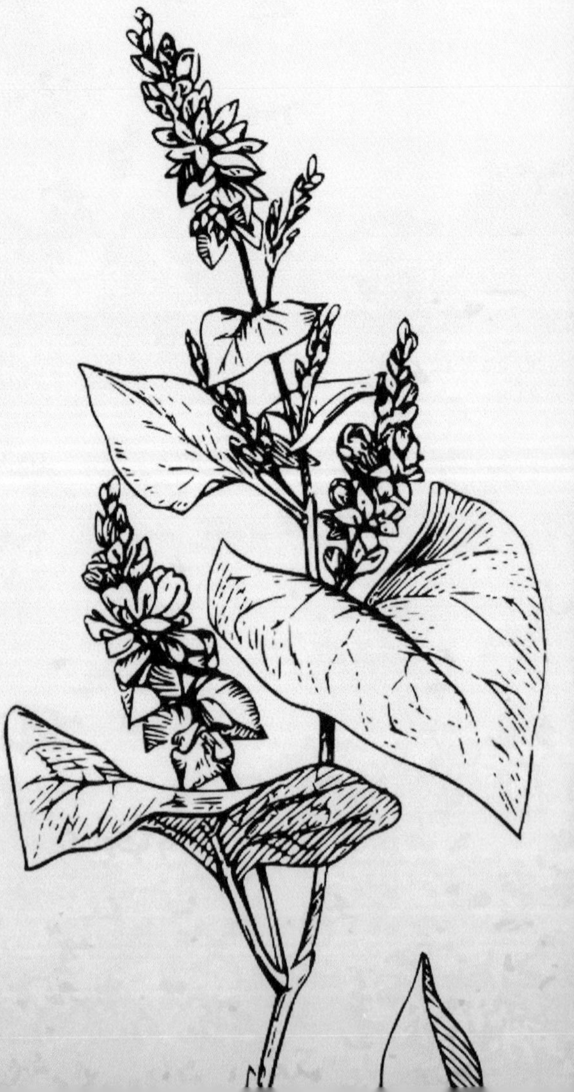

Tourte de bœuf aux rognons

- 375 g de bœuf à braiser.
- 125 g de rognons d'agneau.
- 1 oignon.
- 2 c. à soupe de farine.
- 75 cl de bouillon de bœuf.
- 25 g de beurre.
- 2 carottes.
- 1 bouquet garni.
- 2 rouleaux de pâtes brisées.
- 1 jaune d'œuf.
- 1 pincée de sel ou sel fin.
- 1 pincée de poivre.

3H00

4 personnes

2H40

Cette tourte se conserve plusieurs jours. Elle devient encore plus savoureuse si elle est faite la veille.

1 - Dégraissez les rognons et hachez les finement. Faites pareil avec le bœuf.

2 - Dans un bol, mélangez la farine, le sel et le poivre. Enrobez la viande avec ce mélange.

3 - Dans une cocotte, faites fondre le beurre. Ajoutez la viande et la saisir quelques minutes à feu vif.

4 - Puis retirez-la de la cocotte et réservez-la.

5 - Épluchez les carottes et l'oignon. Puis coupez-les en rondelles. Mettez-les dans la cocotte et faites cuire pendant 5 minutes.

6 - Rajoutez la viande et le bouquet garni, puis versez le bouillon. Salez et poivrez.

7 - Couvrez et laissez mijoter pendant 2 heures à feu doux.

8 - Préchauffez le four à 200°C.

9 - Recouvrez un plat à tourte avec un rouleau de pâte brisée. Garnissez le plat à tarte du mélange de viandes refroidies.

10 - Recouvrez le tout avec le deuxième rouleau de pâte brisée. Puis faites un trou au centre de la pâte pour créer une cheminée. Badigeonnez le dessus de la pâte avec un œuf battu.

11 - Mettez au fou pendant 40 minutes jusqu'à ce que la pâte soit dorée.

Rosbif et ses légumes

- 1 kg 500 de rosbif.
- 30 g de beurre.
- 3 gousses d'ail.
- 530 g de carottes et petits pois en conserve
- 1 petit oignon.
- Sel et poivre.

1 - Préchauffez le four à 220 °C.

2 - Épluchez les gousses d'ail.

3 - Dans un plat à rôtir, mettez le rosbif. Puis, faites trois incisions dans le rosbif à l'aide d'un couteau et insérez-y les gousses d'ail. Salez et poivrez abondamment.

4 - Coupez le beurre en morceaux et mettez-le sur le rosbif.

5 - Enfournez le tout pendant 20 minutes.

6 - Emincez l'oignon. Puis égouttez les carottes et les petits pois.

7 - Dans une casserole, faites fondre 25 g de beurre, mettez l'oignon et faites cuire pendant 3 minutes à feu doux, tout en remuant souvent.

8 - Lorsque les oignons sont bien fondus, ajoutez les petits pois-carottes, en remuant doucement. Salez et poivrez. Servez aussitôt avec la viande.

30 minutes

6 personnes

20 minutes

Vous pouvez accompagner le rosbif avec des pommes de terre sautées, de la purée ou même des haricots verts.

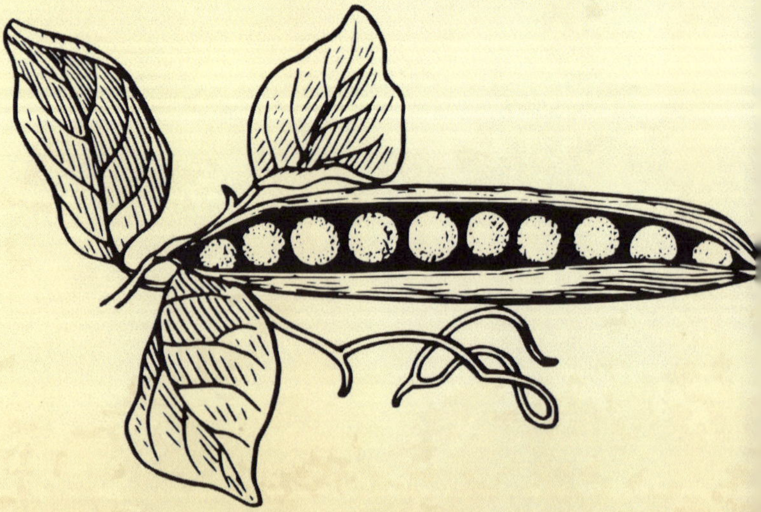

Sang de Licorne

- 1 litre de lait.
- 1 citron.
- 4 c. à soupe de miel.
- 1 bâton de cannelle.
- 3 blancs d'œufs.
- Des paillettes argentées comestibles.
- Du colorant gris.

1 - Dans une casserole, versez le lait, avec le bâton de cannelle, le zeste de citron et le miel. Mélangez bien et faites cuire pendant 1 minute. Ajoutez le colorant gris.

2 - Laissez refroidir le lait à température ambiante et filtrez-le. Retirez le zeste et le bâton de cannelle.

3 - Versez le liquide dans un récipient et mettez-le au congélateur pendant environ 30 minutes. Dès que le lait commence à congeler, sortez-le.

4 - Battez les blancs d'œufs en neige juste avant de servir le lait. Incorporez les blancs en neige au lait bien froid.

5 - Versez dans des verres et saupoudrez de paillettes.

35 minutes

6 personnes

1 minute

Si vous êtes allergique au lait, vous pouvez utiliser du lait de soja ou d'amande à la place.

Hachis Parmentier

- 2 grosses patates douces.
- 3 pommes de terre.
- 2 oignons.
- Sel et poivre.
- 500 g de chair à saucisses.
- 3 c. à soupe de crème fraîche.
- Du gruyère râpé.
- Du beurre.

40 minutes

4 personnes

20 minutes

Ce plat se sert chaud avec une salade verte à la vinaigrette.

1 - Épluchez les pommes de terre et les patates douces.

2 - Coupez-les en rondelles, ainsi que les oignons. Mettez le tout dans un faitout. Recouvrez d'eau froide et faites cuire à feu doux pendant 30 minutes.

3 - Dans une poêle, faites revenir du beurre. Faites cuire la chair à saucisse en l'écrasant avec une fourchette. Dès que la viande est cuite, salez et poivrez.

4 - Lorsque les pommes de terre sont cuites, retirez-les de l'eau chaude et mettez-les dans un saladier. Puis écrasez avec une fourchette ou un presse-purée.

5 - Beurrez un plat à gratin. Étalez d'abord la chair à saucisse, puis la purée de pommes de terre. Parsemez de gruyère râpé.

6 - Faites gratiner au four pendant 20 minutes à 220 °C.

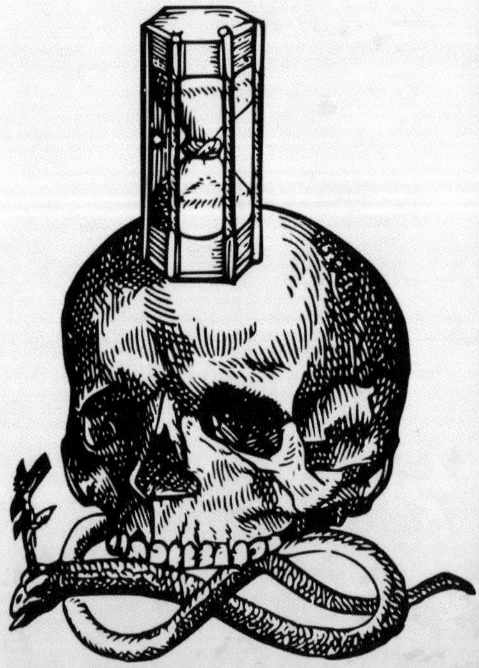

Gâteau de riz

- 200 g de riz rond.
- 1 litre de lait entier.
- 1 c. à café d'arôme de vanille.
- 3 œufs.
- 80 g de sucre.
- 5 cl de crème liquide entière.
- Du caramel liquide.

1H00

6 personnes

40 minutes

1 - Lavez le riz à l'eau froide.

2 - Mettez-le dans une casserole et recouvrez-le d'eau froide. Portez à ébullition et faites le cuire pendant 4 à 5 minutes. Égouttez le riz puis rincez-le à l'eau froide.

3 - Dans une casserole, versez le lait et l'arôme de vanille. Portez à ébullition. Ajoutez le riz et laissez le cuire à feu doux durant 30 minutes tout en remuant souvent.

4 - Tapissez le fond des ramequins de caramel liquide.

5 - Préchauffez le four à 160 °C.

6 - Dans un saladier, mélangez les œufs et le sucre jusqu'à ce que l'ensemble blanchisse.

7 - Ajoutez la crème. Puis hors du feu, incorporez ce mélange au riz au lait.

8 - Versez la préparation au riz dans les ramequins, puis placez-les au bain-marie dans le four durant 30 à 40 minutes.

9 - Laissez-les refroidir avant de les démouler ou dégustez directement dans les ramequins.

Vous pouvez aussi accompagner le gâteau avec de la sauce au caramel au beurre salé, au chocolat ou pralinée.

Tarte à la mélasse

- 1 pâte brisée.
- 300 g de mélasse.
- 17 cl de lait.
- 160 g de sucre.
- 1 c. à soupe de farine.
- 1 œuf.

1 - Préchauffez le four à 220°C.

2 - Étalez la pâte brisée sur un fond de tarte. Appuyez pour faire les bords.

3 - Dans un saladier, mélangez la mélasse, le lait, le sucre, la farine et l'œuf battu. Mélangez-le tout.

4 - Versez sur le fond de tarte et enfournez pendant 35 à 40 minutes.

55 minutes

6 personnes

45 minutes

Si vous ne trouvez pas la mélasse, vous pouvez la remplacer par du sirop d'érable.

Marshmallows et pancakes

- 250 g de farine.
- 11 g de levure chimique.
- 75 g de sucre.
- 1 sachet de sucre vanillé (7,5g).
- 1 pincée de sel.
- 2 œufs.
- 50 g de beurre fondu.
- 40 cl de lait.
- 10 marshmallows.
- Du coulis au chocolat.

15 minutes

16 pancakes

5 minutes

1 - Dans un saladier, tamisez la levure avec la farine.

2 - Ajoutez le sucre, le sucre vanillé et le sel. Mélangez bien.

3 - Dans la préparation, creusez un puits et incorporez les œufs, le beurre fondu et un peu de lait. Puis travaillez la pâte. Rajoutez progressivement le reste du lait jusqu'à avoir une pâte lisse.

4 - Faites revenir une noisette de beurre dans une petite poêle. Versez-y une demi-louche de la préparation. Faites cuire 2 minutes avant de retourner le pancake et faites cuire encore 1 minute sur l'autre face.

5 - Servez les pancakes chauds avec un coulis de chocolat et garnis de marshmallows. Faites-les fondre à l'aide d'un chalumeau.

Pour plus de gourmandise, vous pouvez remplacer le chocolat par du sirop d'érable.

Sandwich à la dinde

- 1 pot de sauce Cranberry.
- 4 tranches de pain au sarrasin.
- 2 tranches de rôti de dinde.
- De la ricotta.
- Sel et poivre.

1 - Tartinez les quatre tranches de pain de ricotta, puis salez et poivrez.

2 - Garnissez copieusement deux des tranches de pain de sauce aux Cranberry.

3 - Déposez dessus la tranche de rôti de dinde et recouvrez avec une tranche de pain tartiné de ricotta.

4 - Coupez les sandwichs en deux avant de servir

10 minutes

2 sandwichs

Si vous le voulez vous pouvez toaster les tranches de pain.

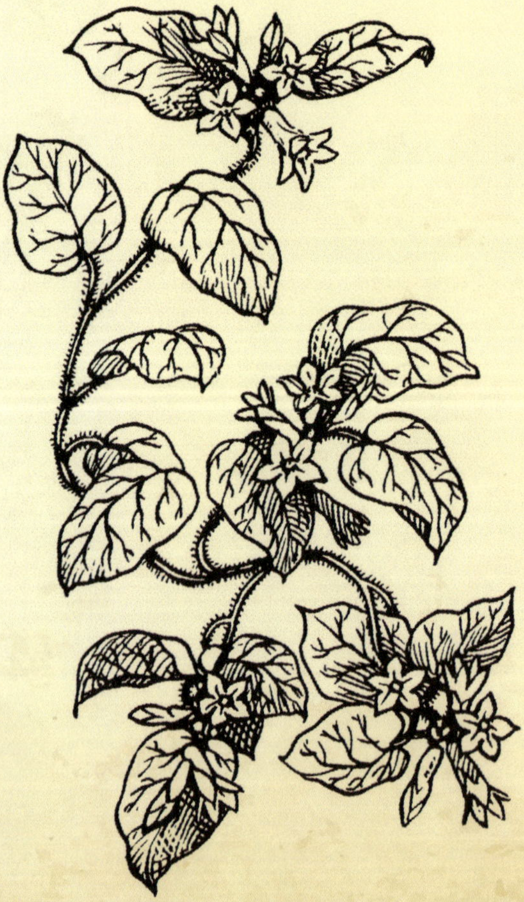

Le goulasch

- 500 g de gîte de bœuf.
- 3 tomates pelées.
- 2 oignons.
- 1 gousse d'ail.
- 1 branche de romarin.
- 1 branche de thym.
- 2 feuilles de laurier sauce.
- 25 cl de vin.
- 50 cl d'eau.
- 1 cube de bouillon de bœuf.
- Du paprika.
- De l'huile.
- Sel et poivre.
- 1 c. à soupe de farine.

1 - Coupez la viande en cubes.

2 - Épluchez et émincez finement les oignons. Puis, épluchez et hachez l'ail.

3 - Dans une sauteuse, faites revenir les morceaux de viande, puis retirez et faites dorer les oignons.

4 - Ajoutez la viande et la farine, tournez bien pour bien enrober. Ensuite ajoutez les tomates coupées en dés, l'ail et le paprika.

5 - Versez le vin, l'eau et le cube émietté, puis couvrez et laissez cuire pendant 2 heures à feu doux. Ajoutez le laurier, le thym et le romarin à la préparation.

6 - Poursuivez la cuisson sans le couvercle et à feu doux pendant 30 minutes. Salez et poivrez.

3H00

4 personnes

2H30

Vous pouvez faire ce plat la veille, car il se bonifie avec le temps.

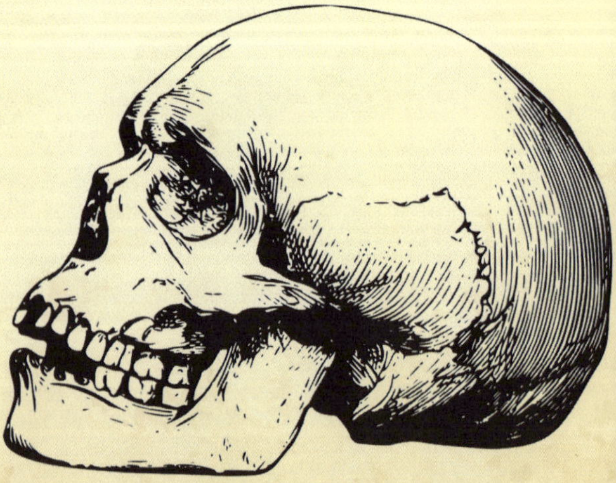

Petit-déjeuner du sorcier

- Des muffins anglais.
- Du jus d'orange.
- 2 œufs frais.
- Quatre tranches de bacon.
- Des toasts.
- Du beurre.
- De la confiture (au choix).
- Des corn-flakes.
- Du lait.
- Sel et poivre.

1 - Passez les toasts au toasteur. Puis tartinez-les de beurre et de confiture.

2 - Dans une petite poêle, faites fondre un peu de beurre. Puis cassez les œufs. Laissez cuire à feu moyen jusqu'à ce que le blanc ne soit plus transparent, puis déposez-les dans des assiettes. Salez et poivrez.

3 - Dans une grande poêle, faites fondre un peu de beurre à feu vif. Déposez les tranches de bacon et faites-les cuire rapidement recto verso. Puis déposez-les dans des assiettes.

4 - Servez deux grands verres de jus d'orange.

5 - Dans deux bols, versez les céréales et le lait chaud ou froid, selon vos préférences.

15 minutes

2 personnes

6 minutes

Si vous voulez un petit-déjeuner 100% anglais, vous pouvez aussi ajouter des harengs.

Poulet & pommes de terre sautées

- 1 poulet de 1,5 kg.
- 120 g de beurre.
- 10 cl de bouillon de poule.
- Sel et poivre.
- 1 kg de pommes de terre.
- 4 c. à soupe d'huile de tournesol.

1H50

4 personnes

1H30

1 - Préchauffez le four à 200°C.

2 - Badigeonnez le poulet avec le beurre, puis salez et poivrez en abondance.

3 - Mettez le poulet dans un grand plat en terre.

4 - Arrosez le poulet avec le bouillon de poule. Puis enfournez 1h30 en l'arrosant plusieurs fois du jus de cuisson.

5 - Pendant ce temps, coupez les pommes de terre en tout petits cubes et essuyez-les avec un torchon propre.

6 - Dans une poêle, faites chauffer l'huile. Quand l'huile est bien chaude, ajoutez les pommes de terre. Faites les dorer, en les retournant à plusieurs reprises.

7 - Baissez le feu et prolongez la cuisson pendant 10 minutes environ, en remuant régulièrement.

8 - Retirez le poulet du four et vérifiez qu'il est bien cuit. Laissez-le reposer 10 minutes avant de le servir avec les pommes de terre sautées.

Pour vérifier la cuisson d'un poulet, il suffit d'utiliser une brochette et de piquer la partie charnue de la cuisse. Si le jus qui s'écoule est clair, le poulet est cuit. Dans le cas contraire il faut le remettre au four 10 à 15 minutes.

Côtelettes d'agneau et haricots blancs

- 8 côtelettes d'agneau.
- 500 g de haricots blancs en conserve.
- Sel et poivre.
- 20 g de beurre.
- 1 feuille de laurier sauce.
- 2 gousses d'ail.

1 - Épluchez et hachez finement les gousses d'ail.

2 - Dans une casserole, versez les haricots blancs et l'ail. Ajoutez la feuille de laurier, salez et poivrez. Puis mettez le beurre.

3 - Mettez la casserole sur feu doux et réchauffez tout doucement pendant 8 minutes.

4 - Dans une poêle, faites fondre du beurre. Puis faites cuire les côtelettes d'agneau pendant 3 minutes sur une face, et 2 minutes sur l'autre face.

5 - Servez avec les haricots blancs.

20 minutes

4 personnes

10 minutes

Vous pouvez servir le plat avec du beurre parfumé au thym.

Saucisses et choux de Bruxelles

- 8 saucisses.
- 1 kg de choux de Bruxelles.
- Sel et poivre.
- 20 g + 75 g de beurre.
- 4 brins de persil.

50 minutes

4 personnes

30 minutes

Pour savoir si les choux de Bruxelles sont bien cuits, il faut planter la lame d'un couteau dans un chou. S'il rentre sans problème c'est qu'il est cuit.

1 - Lavez et épluchez les choux de Bruxelles.

2 - Dans une casserole remplie d'eau froide, mettez les choux. Laissez les cuire pendant 10 à 15 minutes à feu moyen à partir du début de l'ébullition, tout en les couvrant.

3 - Dans une poêle, faites fondre le beurre à feu vif. Dès qu'il brunit, mettez les saucisses et faites-les dorer. Salez et poivrez. Puis continuez la cuisson sur feu doux pendant 15 minutes.

4 - Lorsque les choux sont cuits, égouttez-les dans une passoire.
Dans une grande poêle, mettez 75 g de beurre et laissez le blondir à feu moyen. Mettez les choux. Salez et poivrez. Faites les dorer en les retournant de temps en temps.

5 - Mettez deux saucisses par assiette, une quinzaine de choux, un peu de beurre et parsemez de persil ciselé frais.

Ragoût de bœuf

- 1 kg de bœuf à braiser.
- 1 oignon.
- 75 g de beurre.
- 1 c. à soupe de concentré de tomate.
- 2 carottes.
- ¾ l d'eau.
- 2 cubes de bouillon de bœuf.
- 1/2 l de vin rouge.
- 20 oignons grelots.
- 500 g de pommes de terre grenaille.
- 4 feuilles de laurier sauce.
- ½ c. à café de paprika.
- Sel et poivre.

1 - Épluchez et coupez les carottes en rondelles. Coupez l'oignon grossièrement et épluchez les pommes de terre.

2 - Dans un faitout, faites saisir les morceaux de bœuf dans le beurre bien chaud, ajoutez l'oignon coupé grossièrement ainsi que les carottes en rondelles, salez et poivrez.

3 - Ajoutez ensuite le concentré de tomate. Mélangez bien.

4 - Ajoutez le laurier, le paprika et recouvrir la viande avec ¾ litre de bouillon et le vin rouge.

5 - Laissez cuire 3 heures à feu doux.

6 - Ajoutez pour finir les oignons grelots et les pommes de terre ¼ heure avant la fin de la cuisson.

3H30

4 personnes

3H00

Vous pouvez réduire la sauce ou la lier avec un peu de maïzena.

Sandwichs au poulet et au jambon

- 3 tranches de pain de mie complet.
- 1 tranche de poulet.
- ½ tomate.
- 1 œuf.
- 1 tranche de jambon.
- De la roquette.
- 1 c. à soupe de mayonnaise.

20 minutes

1 sandwich

10 minutes

Vous pouvez remplacer la roquette par des feuilles de laitue.

1 - Dans une casserole, faites cuire l'œuf dans de l'eau bouillante pendant environ 9 à 10 minutes.

2 - Refroidissez-le après la cuisson dans de l'eau froide. Puis retirez la coquille et coupez-le en rondelles.

3 - Rincez la tomate et coupez la en rondelles.

4 - Nettoyez et rincez la roquette.

5 - Faites griller les tranches de pain de mie à l'aide d'un grille-pain.

6 - Tartinez une première tranche de mayonnaise, puis déposez la tranche de poulet et placez dessus 2 rondelles de tomates.

7 - Recouvrez le tout d'une deuxième tranche de pain et badigeonnez de mayonnaise à nouveau sur le dessus. Disposez les rondelles d'œuf, le jambon et enfin des feuilles de roquette.

8 - Déposez la dernière tranche de pain par-dessus et coupez le sandwich en deux dans la diagonale.

Gratin

- 200 g de steak haché.
- 8 grosses pommes de terre.
- Des tranches de fromage à raclette.
- Du beurre.
- Sel et poivre.

1 - Dans une poêle, faites fondre du beurre. Émiettez la viande hachée et faites la cuire en la retournant souvent. Salez et poivrez.

2 - Mettez les pommes de terre dans une grande casserole remplie d'eau froide. Faites cuire à feu doux.

3 - Lorsqu'elles sont cuites, laissez les refroidir. Puis enlevez la peau et coupez-les en rondelles.

4 - Prenez quatre plats individuels à gratin ou un grand plat. Beurrez-les.

5 - Disposez la viande hachée. Puis les pommes de terre et pour finir la raclette.

6 - Mettez au four à 220 °C pendant 20 minutes.

40 minutes

4 personnes

20 minutes

L'avantage du gratin c'est qu'il peut se préparer avec différents aliments. Par exemple : les pommes de terre peuvent être remplacées par des pâtes, le steak haché par du jambon et la raclette par du gruyère.

COCOTTE

Frites et ses sauces

- 6 patates douces.
- Sel et poivre.

Sauce claire :
- 3 c. à soupe de mayonnaise.
- 1 c. à soupe de ketchup.
- 1 c. à café de sauce Worcestershire.
- Du paprika.

Brown Sauce :
- 25 cl de bouillon de bœuf.
- 1 c. à café de poudre d'ail.
- 1 /2 c. à café de poudre d'oignon.
- 1/2 c. à soupe de sauce Worcestershire.
- 3 cl d'eau froide.
- 2 c. à soupe de fécule de maïs.
- Sel et poivre.

30 minutes

4 personnes

10 minutes

Ces sauces se marient bien avec des frites de pommes de terre ou des fishs and chips.

Sauce clair :

1 - Dans un bol, mélangez activement la mayonnaise et le ketchup. Puis ajoutez la sauce Worcestershire.

2 - Quand tout est bien mélangé, saupoudrez de paprika.

Brown Sauce :

1 - Dans une casserole, portez le bouillon de bœuf à ébullition. Ajoutez-y la poudre d'ail, d'oignon et la sauce Worcestershire.

2 - Dans un petit bol, dissoudre la fécule de maïs dans l'eau. Ajoutez-le dans le bouillon et réduire à feu doux. Puis Mélangez jusqu'à épaississement. Assaisonnez de sel et de poivre.

Frites de patates douces :

1 - Épluchez et coupez les patates douces en allumette. Puis mettez-les dans l'eau pour les rincer et enlever l'amidon. Faites-les sécher sur un torchon.

2 - Faites chauffer l'huile à 160°C. Puis, mettez les frites dans le panier à friteuse et faire cuire pendant 10 minutes. Il faudra les refaire cuire dans un deuxième bain à 180°C, environ 3 à 5 minutes.

3 - Enfin, égouttez-les et salez avant de servir avec les sauces.

Bonbons à la menthe

- 5 gouttes de colorant vert.
- 2 c. à café d'arôme de menthe.
- 250 g de sucre.
- 50 g de miel.
- 10 cl d'eau.

1 - Dans une casserole, mettez le miel, le sucre et l'eau. Chauffez la préparation jusqu'à ce qu'elle atteigne environ 140-160°C. Servez-vous d'un thermomètre de cuisson pour vous aider.

2 - La température optimale atteinte, éteignez le feu et mélangez rapidement le colorant alimentaire et l'arôme de votre choix.

3 - Versez ensuite la préparation sur une plaque recouverte de papier sulfurisé. Rabattez la préparation de chaque côté à l'aide d'une raclette afin de former peu à peu un boudin. Dès qu'il est un peu froid, tirez-le et rassemblez-le plusieurs fois.

4 - Puis, avec l'aide d'un ciseau, découpez des petits morceaux

5 - Mettez-les ensuite à refroidir une heure dans une assiette. Vous pouvez les conserver au réfrigérateur avant de les servir, mais ils risquent d'être collants.

1H30

30 bonbons

Pour savoir si vous avez atteint la température idéale sans thermomètre, il faut vous munir d'un verre d'eau et laissez tomber une cuillerée de sirop chaud dedans. Si le bonbon durci dans l'eau et qu'il se craque au lieu de se courber dès que vous essayez de le plier, c'est bon vous pouvez éteindre votre feu.

Éclair au chocolat

- 100 g d'eau.
- 100 g de lait.
- 90 g de beurre.
- 2 g de sel.
- 2 g de sucre.
- 110 g de farine.
- 4 œufs + 1 œuf battu.

Crème :
- 500 g de lait.
- 100 g de jaune d'œuf.
- 120 g de sucre.
- 50 g de maïzena.
- 120 g de chocolat noir.

Glaçage :
- 200 g de chocolat noir.

1H00

15 éclairs

45 minutes

Pour faire bien refroidir la crème pâtissière, il est recommandé de la mettre sur une grande plaque plate et de le laisser à l'air ambiant.

1 - Préchauffez le four à 230 °C..

2 - Dans une casserole, mettez le lait, l'eau, le sel, le sucre et le beurre. Portez l'ensemble à ébullition. Quand le mélange commence à monter, retirez la casserole du feu, puis versez la farine d'un coup tout en mélangeant.

3 - Quand la préparation est bien homogène, remettez la casserole au feu sans mélanger. Au moment où vous entendez un crépitement et voyez une fine pellicule s'accrocher au fond de la casserole de façon uniforme, retirer la pâte du feu.

4 - Mélangez jusqu'à refroidir la pâte, ajoutez le premier œuf et mélangez. Faites ceci un œuf à la fois, jusqu'à ce que la pâte soit homogène.

5 - Mettez la pâte à choux dans une poche à douille et faites des boudins sur une plaque de cuisson recouverte de papier sulfurisé. Recouvrez les éclairs de jaune d'œuf avec un pinceau.

6 - Baissez le four à 170 °C et enfournez pendant 20 minutes. Ouvrez brièvement pour faire sortir la vapeur, refermez aussitôt. Laissez cuire encore 25 minutes, puis laissez refroidir.

7 - Faites fondre le chocolat noir au bain-marie. Pendant ce temps, dans un saladier, fouettez les jaunes d'œuf avec le sucre. Puis ajoutez la maïzena.

8 - Dans une casserole, mettez le lait et portez à ébullition. Versez la moitié du lait sur la préparation sucre/œuf/maïzena tout en fouettant. Remettez dans la casserole et faites chauffer tout en fouettant énergiquement, jusqu'à épaississement.

9 - Ajoutez le chocolat fondu en fin de cuisson. Laissez refroidir.

10 - Garnissez une poche à douille avec la crème pâtissière au chocolat. Avec un couteau percez trois trous sur les éclairs. Puis remplissez les éclairs de crème.

11 - Faites fondre le chocolat au bain-marie. Dès qu'il a bien fondu, trempez le dessus des éclairs. Laissez au frais pendant deux heures.

Gâteau au chocolat

- 6 œufs.
- 250 g de chocolat.
- 160 g de farine.
- 250 g de sucre.
- 2 pincées de sel.
- 250 de beurre fondu.

1 - Préchauffez le four à 180°C.

2 - Séparez les blancs des jaunes d'œufs.

3 - Faites fondre le chocolat au bain-marie.

4 - Dans un saladier, mélangez le chocolat fondu, le sucre, le sel, les jaunes d'œufs, le beurre et la farine.

5 - Dans un autre saladier, montez les blancs en neige et incorporez-les délicatement à la pâte chocolatée.

6 - Beurrez un plat circulaire et versez-y la pâte. Enfournez pendant 25 minutes.

45 minutes

6 personnes

25 minutes

Ce gâteau peut se savourer seul ou avec une glace à la vanille, une pointe de chantilly ou une sauce à l'orange.

Gâteau à la confiture

- 200 g de farine.
- 160 g de beurre.
- 125 g de sucre.
- 80 g de poudre d'amande.
- 80 g de poudre de noisette.
- ½ sachet de levure.
- 4 jaunes d'œufs.
- 10 g de cannelle en poudre.
- 200 g de confiture de fraise.

1 - Dans un saladier, mélangez la farine, le beurre, le sucre, la poudre d'amande, la levure, la poudre de noisette, 3 jaunes d'œufs et un peu de cannelle en poudre.

2 - Formez une boule avec la pâte et laissez-la reposer 30 minutes au réfrigérateur.
Puis, réservez un tiers de la pâte. Étalez le reste sur un plat à tarte beurré et légèrement fariné.

3 - Préchauffez le four à 200 °C.

4 - Répartissez la confiture sur la tarte. Découpez des bandes dans le reste de pâte et disposez-les sur la confiture. Dorez-les avec le dernier jaune d'œuf, saupoudrez de cannelle restante.

5 - Enfournez pendant 45 minutes.

1H00

6 personnes

45 minutes

Vous pouvez changer le type de confiture pour l'adapter à votre goût.

Dinde & cubes de citrouille

- 1,2 kg de cuisse de dinde.
- 1 grosse courge Butternut.
- 200 g de beurre.
- Sel et poivre.
- 15 cl de bouillon de poule.

1 - Dans un plat en terre cuite, mettez la cuisse de dinde.

2 - Parsemez de morceaux de beurre. Puis ajoutez le bouillon de poule. Salez et poivrez abondamment.

3 - Mettez au four à 210°C pendant 1 heure. N'oubliez pas de mouiller la cuisse de dinde avec son propre jus tous les quarts d'heure pour qu'elle ne s'assèche pas.

4 - Coupez la courge Butternut en deux. Enlevez les pépins et la peau.

5 - Découpez les deux morceaux de Butternut en cubes moyens.

6 - Dans une casserole, mettez les cubes de Butternut et recouvrez-les d'eau froide salée. Faites cuire pendant 10 minutes. Puis égouttez-les.

7 - Dans une poêle, faites fondre 100 g de beurre. Lorsqu'il est bien chaud, faites-y revenir les cubes de Butternut. Dès qu'ils sont bien dorés, laissez-les cuire doucement à couvert.

8 - Servir avec des morceaux de cuisse de dinde bien chaude.

1H30

4 personnes

1H00

Ce plat peut se déguster avec une sauce aux canneberges.

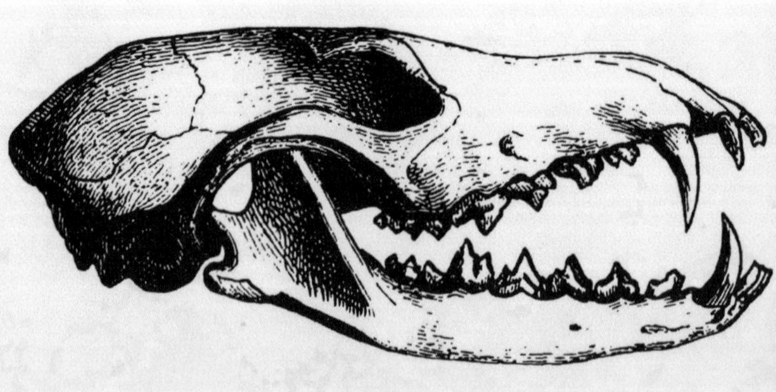

Tarte à la citrouille

- 1 pâte sablée.
- 500 g de courge Butternut.
- 80 g de mascarpone.
- 2 œufs.
- 10 cl de crème fraîche.
- 10 g de beurre.
- 100 g de sucre.
- 50 de poudre d'amande.
- 1 c. à café de cannelle en poudre.
- Une pincée de sel.

1H30

6 personnes

55 minutes

Si vous n'aimez pas la cannelle, vous pouvez la retirer ou la remplacer par de la noix de muscade.

1 - Pelez la courge, ôtez les pépins et les filaments, puis taillez-la en cubes.

2 - Dans une casserole remplie d'eau, mettez les cubes de courge, faites-les cuire pendant 20 minutes. Puis égouttez-les.

3 - Préchauffez le four à 180°C.

4 - Réduisez les cubes de Butternut en purée en les écrasant à l'aide d'une fourchette. Ajoutez le mascarpone, la crème, la poudre d'amande, la cannelle et mixez le tout.

5 - Dans un saladier, fouettez les œufs et le sucre ensemble. Ajoutez le sel, incorporez-le ensuite à la purée de Butternut. Mélangez bien.

6 - Beurrez le moule à tarte, puis mettez la pâte sablée en faisant attention de bien enlever les bords. Versez dessus la préparation au Butternut en répartissant bien avec une cuillère.

7 - Mettez au four pendant 35 minutes. Servez la tarte tiède ou froide.

Pudding de Noël

- 25 cl de lait.
- 250 g de brioche rassie.
- 1 gousse de vanille.
- 100 g de sucre.
- 4 œufs.
- 6 morceaux de chocolat noir.

1H00

4 personnes

40 minutes

Vous pouvez ajouter au pudding des noix, des raisins secs, des écorces d'oranges ou différentes sortes de chocolat. Vous pouvez ainsi le personnaliser selon vos goûts.

1 - Dans une casserole, versez le lait dans une casserole. Puis fendez la gousse de vanille en deux et grattez-la pour récupérer les graines. Ajoutez-les au lait. Portez à ébullition, puis coupez le feu. Laissez infuser pendant environ 5 minutes.

2 - Coupez grossièrement la brioche en gros dès. Réservez-les dans un saladier.

3 - Saupoudrez les morceaux de brioche avec du sucre.

4 - Retirez la gousse de vanille du lait puis versez le lait tiède sur le pain. Recouvrez le saladier d'un linge propre et laissez imbiber 10 minutes. Normalement, la brioche doit avoir absorber tout le lait si ce n'est pas le cas débarrassez-vous de l'excédent.

5 - Avec les mains ou une fourchette, malaxez la brioche de façon à l'émietter grossièrement.

6 - Coupez grossièrement les morceaux de chocolat et ajoutez-les à la brioche, en mélangeant bien.

7 - Dans un bol, battez les œufs et ajoutez-les à la préparation. Mélangez.

8 - Beurrez un moule en terre cuite ou en verre, puis versez-y la pâte.

9 - Enfournez à 180°C pendant environ 30 minutes. Dès qu'il est bien cuit, coupez le feu et laissez le pudding dans le four encore 10 minutes. Sortez le pudding du four et laissez refroidir avant de placer au réfrigérateur.

erry Christmas!

Bûche de Noël

- 5 œufs.
- 125 g de sucre.
- 125 g de farine.
- 20 g de beurre.
- 100 g de crème de marron.
- 200 g de chocolat au lait.

1 - Séparez les blancs d'œufs des jaunes. Dans un saladier, montez les blancs en neige avec un fouet électrique.

2 - Dans un autre saladier, battez les jaunes d'œufs et le sucre. Puis ajoutez la farine tamisée.

3 - Incorporez délicatement les blancs en neige à l'aide d'une spatule.

4 - Sur une plaque recouverte de papier sulfurisé, étalez la préparation uniformément.

5 - Enfournez à 220 °C pendant 6 à 7 minutes.

6 - Dès la sortie du four, retournez la feuille de papier sulfurisé sur une autre feuille ou un torchon propre.

7 - Etalez la crème de marron et roulez aussitôt le biscuit en serrant bien. Laissez refroidir.

8 - Coupez les extrémités. Faites fondre le chocolat au bain-marie puis étalez-le sur la bûche. Pour finir, décorez la bûche selon vos envies.

50 minutes

6 personnes

7 minutes

Vous pouvez remplacer la crème de marron par n'importe qu'elle autre garniture, comme de la confiture, de la mousse de fruit, de la pâte à tartiner.

Atelier de potions

Potion Amortentia 78
Polynectar..80
Potion de la chance 82
Potion d'Amnésie...84
Élixir d'euphorie...86
Potion de vieillissement.................................88
Potion de tue-loup..90

Potion Amortentia

- 90 g de fraises.
- 1/2 citron vert.
- 2 c à café de sirop de canne.
- 10 feuilles de menthe.
- 1 c. à café de grenadine.
- Eau gazeuse.

1 - Équeutez et lavez les fraises.

2 - Dans un mixeur, mettez les fraises, le jus du citron vert, les feuilles de menthe, le sirop de canne et mixez le tout. Passez au chinois.

3 - Mettez la préparation dans un verre, ajoutez les glaçons puis versez le sirop de grenadine et l'eau gazeuse.

10 minutes

1 verre

Pour plus de fraîcheur vous pouvez mettre les fraises au congélateur pendant 1 à 2 heures. Vous pouvez également rajouter des feuilles de menthe à la préparation.

Polynectar

- 50 cl de jus de pomme.
- 7 kiwis.
- ½ citron.
- 1 c. à soupe de sirop de canne.

1 - Pressez le citron et épluchez les kiwis.

2 - Dans un mixeur, placez le jus de citron, le sirop de canne et les kiwis. Passez le jus au chinois.

3 - Mettez la préparation dans un pichet et versez le jus dans le jus de pomme. Mélangez le tout.

10 minutes

2 personnes

Si vous n'avez pas de jus de pomme à disposition, vous pouvez le remplacer pas 4 pommes bien vertes

Potion de la chance

- 1 litre de limonade.
- 30 cl de jus de mangue.
- 1 citron frais.
- ½ orange.

1 - Pressez le citron et l'orange pour avoir leur jus.

2 - Puis versez dans un pichet, le jus de citron, le jus d'orange et le jus de mangue. Mélangez à l'aide d'une cuillère.

3 - Puis versez la limonade. Servez bien frais.

10 minutes

6 personnes

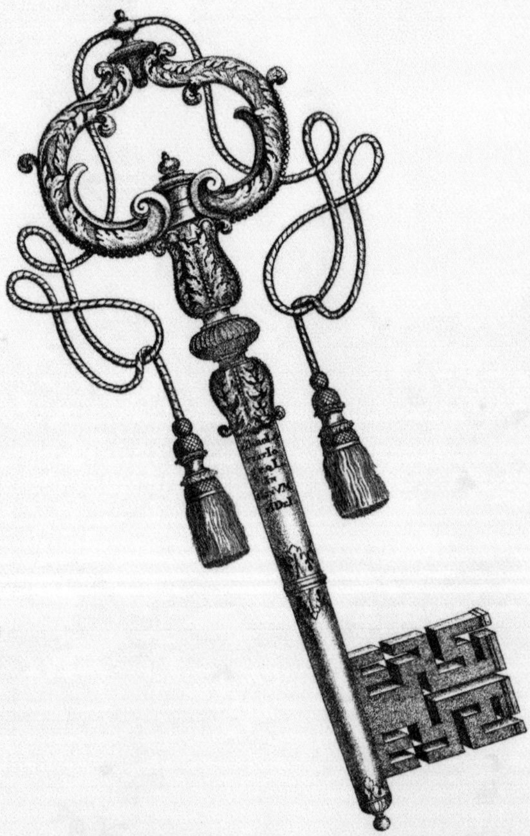

Pour un goût moins sucré, vous pouvez changer la limonade par de l'eau gazeuse.

Potion d'amnésie

- 8 cl de jus d'orange sanguine.
- 16 cl de limonade.
- 4 c. à café de coulis de fruits rouges.
- 3 c. à café de sirop de grenadine.
- 1 c. à café de jus de citron.

1 - Dans un verre, versez le jus d'orange sanguine et ajoutez la limonade.

2 - Versez ensuite le coulis de fruits rouges, le sirop de grenadine, et le jus de citron. Mélangez bien.

3 - Ajoutez des glaçons et servez bien frais.

10 minutes

1 verre

Si vous voulez que la couleur soit encore plus rouge, vous pouvez rajouter une goutte de colorant rouge.

Élixir d'euphorie

- 2 bananes.
- 2 mangues.
- 50 cl de jus d'ananas.
- 2 oranges.

1 - Coupez les fruits en gros morceaux et pressez les oranges.

2 - Dans un mixer, mettez les morceaux de fruits, le jus orange et le jus ananas. Puis mixez.

3 - Ajoutez 1/2 verre d'eau et mixez de nouveau.

4 - Laissez au frais avant de servir.

10 minutes

6 personnes

Vous pouvez remplacer les oranges par des mandarines pour un goût plus sucré et moins acide..

Potion de vieillissement

- 1 goutte de colorant bleu.
- 1 cl de sirop à la menthe.
- 20 cl d'eau gazeuse.
- 1/2 zeste de citron.

1 - Dans un verre, versez le sirop de menthe, le colorant bleu, le zeste de citron et l'eau gazeuse.

2 - Servez frais avec des glaçons.

10 minutes

1 verre

Vous pouvez mettre des feuilles de menthe pour rendre le goût plus authentique. Si vous voulez la version alcoolisée, mettez une cuillère à café de curaçao bleu à la place du colorant.

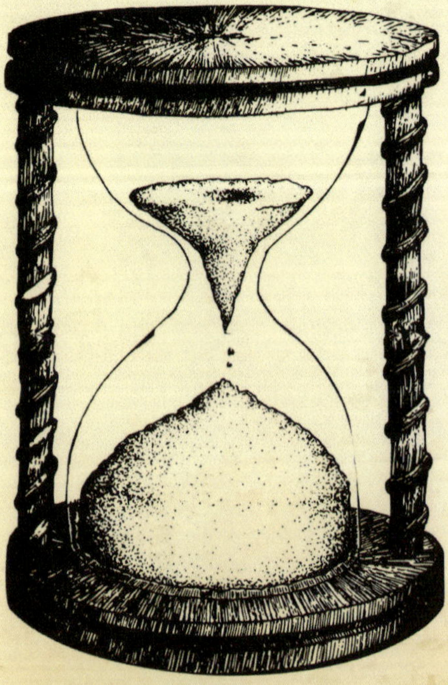

Potion de tue-loup

- ¼ d'un citron vert.
- 4 cl de sirop de grenadine.
- 25 cl de cola.

1 - Pressez le citron directement dans le verre puis ajoutez le sirop de fraise.

2 - Recouvrez de cola et de glaçons.

5 minutes

1 verre

Vous pouvez remplacer le citron par de l'orange pour avoir un goût plus fruité.

MENUS PRINTANIERS
DÉJEUNERS
DINERS
MENUS TRÈS SIMPLES
DÉJEUNERS

Chez les amis d'Harry Potter

Caramels spécialité d'Hagrid.....94
Sirop de cerise soda avec boule de glace.....96
Glace à la fraise de Molly Weasley.....98
Glace au citron de Dumbledore.....100
Tarte meringuée aux citrons de Marge.....102
Tarte de Noël du professeur Slughorn.....104
Soupe à l'oignon de Kreattur.....106
Bièraubeurre du Trois Balais.....108
Quatre-quarts de Rita Skeeter.....110
Barres au chocolat de Dudley.....112
Pâté en croûte Molly Weasley.....114
Gillywater.....116
Gâteau à la crème des Mason.....118
Chocolat chaud onctueux de Stan.....120
Cake anglais de la tante Petunia.....122
Gâteau d'anniversaire d'Hagrid.....124
Hydromel du chevalier du Catogan.....126
Beignet de Jam Doughnut.....128
Fondant maison de Molly Weasley.....130
Biscuits durs d'Hagrid.....132
Sandwich au Bacon du Terrier.....134
Gigot de Mason.....136
Hamburger de Dudley.....138
Rhum groseille du ministre de la Magie.....140
Petit-déjeuner après l'échappée nocturne.....142

Caramels spécialité d'Hagrid

- 120 g crème liquide.
- 120 g de sucre.
- 40 g miel liquide.
- 25 g beurre demi-sel.
- 1 c. à café d'arôme de vanille.

1 - Dans une casserole, portez la crème liquide et l'arôme de vanille à ébullition. Versez le miel, puis incorporez le sucre et portez à frémissements 10 minutes.

2 - Hors du feu, incorporez le beurre demi-sel coupé en petites morceaux.

3 - Tapissez une plaque de papier sulfurisé puis versez-y aussitôt le caramel au beurre salé.

4 - Laissez le caramel refroidir avant de le détailler en cubes.

20 minutes

20 caramels

10 minutes

Surtout ne mettez pas le caramel au frais. Ils deviendrait collant et immangeable après une journée.

Sirop de cerise soda avec boule de glace

- 1 boule de glace à la vanille.
- 2 cl de sirop de cerise.
- 5 cerises congelées.
- De la limonade.

1 - Dans un grand verre, mettez le sirop, la limonade, les cerises congelées et une boule de glace à la vanille.

2 - Mettez une paille et mélangez doucement à l'aide de celle-ci.

10 minutes

1 verre

Les possibilités sont infinies, selon le goût du sirop.

Glace à la fraise de Molly Weasley

- 600 g de fraises.
- 100 g de crème liquide (30% MG)
- 130 g de sucre.
- 1 blanc d'œuf.
- 1 citron.

1 - Dans un saladier, battez le blanc d'œuf en neige. Un peu avant la fin ajoutez une cuillerée à soupe de sucre. Puis, réservez au frais.

2 - Dans un autre saladier, battez la crème liquide jusqu'à ce qu'elle épaississe. Mettez-la au réfrigérateur.

3 - Lavez et équeutez les fraises.

4 - Dans un blender, mixez les fraises, le jus de citron et le reste du sucre. Passez au chinois pour enlever les petits grains.

5 - Mélangez délicatement le mélange fraise/citron/sucre, la crème liquide épaisse et le blanc d'œuf et mettez le tout dans une sorbetière.

6 - Pour finir, mettez dans un bac et réservez au congélateur.

40 minutes

6 personnes

Il faut que tous les ingrédients ainsi que la sorbetière soient bien froids pour que la glace prenne correctement.

Glace au citron de Dumbledore

- 3 citrons.
- 30 cl d'eau.
- 200 g de sucre.
- 2 blancs d'œufs.
- 1 pincée de sel.

1 - Prélevez les zestes et le jus des citrons.

2 - Dans une casserole, faites chauffer le sucre et l'eau jusqu'à ce que le sucre soit complètement fondu.

3 - Ajoutez les zestes et faites cuire pendant 5 minutes à feu moyen. Puis mettez le jus et mélangez de nouveau.

4 - Mettez la préparation en sorbetière.

5 - Entre-temps faites monter les blancs en neige. Quand le sorbet commence à prendre, mettez-le dans la sorbetière.

6 - Pour finir, mettez dans un bac et réservez au congélateur.

1H00

6 personnes

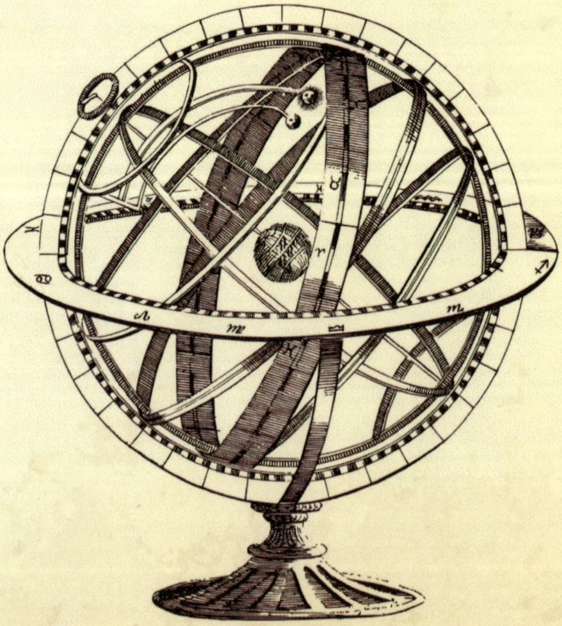

Si vous n'avez pas de sorbetière, versez simplement la préparation dans un récipient hermétique et mettez-le au congélateur. Au bout de deux heures, fouettez le sorbet.

Tarte meringuée aux citrons de tante Marge

- 1 pâte sablée.
- 4 c. à soupe de Lemon curd.
- 300 g de sucre.
- 40 cl d'eau.
- 6 c. à soupe de maïzena.
- ½ c. à café de sel.
- 4 jaunes d'œufs.
- 4 c. à soupe de jus de citron.
- 2 c. à soupe de zeste de citron.
- 2 c. à soupe de beurre.

Meringue :
- 6 blancs d'œufs.
- 1 pincée de sel.
- 100 g de sucre.

40 minutes

6 personnes

20 minutes

Pour éviter que la meringue ne brûle, il ne faut pas hésiter à vérifier plusieurs fois sa cuisson. il est important de mettre des billes en porcelaine sur la pâte, elles évitent que celle-ci ne gonfle lors de la cuisson.

1 - Préchauffez le four à 180°C.

2 - Beurrez un moule à tarte, puis mettez la pâte sablée en faisant attention de bien enlever les bords. Mettez du papier sulfurisé dessus ainsi que des billes en porcelaine. Enfournez pendant 20 minutes.

3 - Réchauffez le Lemon curd au micro-onde et tartinez-en le fond de la pâte à tarte cuite à l'aide d'une cuillère.

4 - Dans un saladier, battez légèrement les jaunes d'œufs.

5 - Dans une petite casserole, mélangez le sucre, la maïzena et le sel.

6 - Ajoutez l'eau tout en tournant à l'aide d'un fouet. Faites bouillir à feu moyen toujours en remuant pendant 1 minute. Puis retirer du feu.

7 - Versez rapidement la moitié du mélange sur les jaunes d'œufs tout en remuant. Remettre le mélange dans la casserole et laissez cuire sur le feu encore 1 minute.

8 - Retirez du feu et ajoutez le beurre, le jus de citron et le zeste.

9 - Versez immédiatement la préparation dans la pâte à tarte. Laissez refroidir.

10 - Montez les blancs en neige avec le sel. Puis ajoutez petit à petit le sucre tout en fouettant.

11- Étalez la meringue sur la tarte et faites la dorer au four pendant environ 5 minutes à 150 °C, ou utilisez un chalumeau.

Tarte de Noël aux pommes et raisins secs du professeur Slughorn

- 1 pâte brisée.
- 50 g de raisins secs.
- 5 cl de rhum brun.
- 3 pommes.
- 500 g de compote de pomme.
- 20 g de beurre.
- 1 c. à café de sucre.
- 1 c. à café de cannelle.
- 40 g d'amandes effilées.

40 minutes

6 personnes

20 minutes

1 - Dans un bol, mettez les raisins à tremper dans le rhum.

2 - Préchauffez le four à 200 °C.

3 - Déroulez la pâte dans un plat à tarte, recouvrez-la d'un papier sulfurisé et de billes en porcelaine. Mettez au four pendant environ 10 minutes.

4 - Pendant ce temps, épluchez les pommes et coupez-les en fines tranches.

5 - Dans une casserole ou au micro-onde faites fondre le beurre.

6 - Sortez la pâte du four, versez d'abord la compote, puis disposez les pommes en cercle.

7 - Badigeonnez-les de beurre et parsemez de raisins secs, d'amandes éffilées de sucre et de cannelle.

8 - Enfournez encore une fois pendant 15 à 20 minutes.

Si vous n'êtes pas fan de rhum, vous pouvez réhydrater les raisins avec de l'eau tiède.

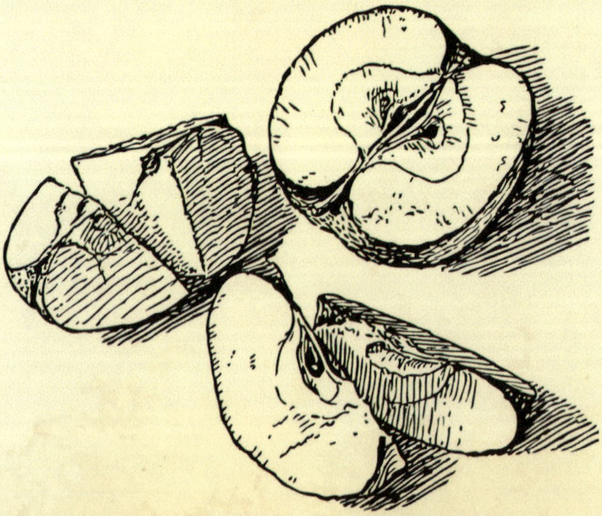

Merry Christmas!
Merry Christmas

Soupe à l'oignon de Kreattur

- 600 g d'oignons.
- 150 g de beurre.
- 2 litres de bouillon de légumes.
- Sel et poivre.
- ½ baguette.
- 300 g de gruyère.

1 - Épluchez et émincez les oignons.

2 - Dans une casserole, mettez le beurre et les oignons, faites les cuire doucement pendant 30 minutes.

3 - Ajoutez le bouillon de légumes. Salez et poivrez. Puis faites bouillir pendant 5 minutes.

4 - Coupez des tranches de baguette et faites les griller avec un grille-pain ou au four.

5 - Versez la soupe dans des bols, parsemez de gruyère et garnissez de tranches de pain.

1H00

6 personnes

35 minutes

Vous pouvez aussi couper la baguette en petits dés pour faire comme des croûtons.

Bièraubeurre du Trois Balais

- De la crème chantilly.
- 1 c. à soupe sirop d'érable.
- 15 cl jus de pomme.
- 10 cl eau pétillante.
- 1 pincée de cannelle.
- 1/2 c. à café d'arôme de vanille.
- 2 c. à soupe de sauce caramel au beurre salé.

1 - Dans un bol, mélangez le caramel, le sirop d'érable, la vanille et la cannelle. Ajoutez 4 cuillères à soupe de jus de pomme et mélangez bien pour assouplir le caramel.

2 - Dans un verre, versez l'eau pétillante et le reste de jus de pomme. Puis ajoutez la préparation, en mélangeant bien.

3 - Une fine pellicule va se former, retirez-la.

4 - Mettez de la chantilly, autant que vous voulez avant de servir.

10 minutes

1 verre

Vous pouvez rendre la boisson moins sucrée en mettant moins de sauce caramel au beurre salé.

0,25L
Bar

Quatre-quarts de Rita Skeeter

- 2 c. à soupe de thé à la violette.
- 1/2 verre d'eau chaude.
- 4 c. à soupe de sucre.
- 200 g de sucre.
- 200 g de beurre fondu.
- 4 œufs entiers.
- 1 c. à café d'arôme vanille.
- 200 g de farine.
- 1 sachet de levure.
- 1 sachet de sucre vanillé.
- 1 pincée de sel.

1H00

6 personnes

40 minutes

Vous pouvez changer la saveur du thé selon votre envie, comme à l'orange. Si vous n'avez pas de thé en boîte, un sachet suffit.

1 - Préchauffez le four à 170°C.

2 - Dans un verre d'eau chaude, faites infuser le thé pendant 5 minutes, puis transvasez-le dans une casserole avec les quatre cuillères à soupe de sucre jusqu'à ce qu'il caramélise un peu. Laissez refroidir.

3 - Dans un saladier, fouettez le sucre en poudre et les œufs jusqu'à ce que le mélange blanchisse.

4 - Ajoutez le beurre fondu, l'arôme vanille, le sucre vanillé, et mélangez.

5 - Incorporez ensuite le thé tiédi, feuilles et jus compris, mélangez de nouveau. Enfin, ajoutez la farine tamisée, la levure et la pincée de sel.

6 - Beurrez et farinez un moule à cake. Puis enfournez pendant environ 40 minutes.

Barres au chocolat de Dudley

- 200 g de chocolat au lait ou chocolat noir.
- 30 g de margarine.
- 125 g de guimauves.
- 20 g de flocons d'avoine.
- 50 g riz soufflé.
- 1 c. à soupe de cacao.

1 - Dans une grande casserole, faites fondre la margarine et les guimauves à feu doux, remuez jusqu'à ce qu'elles soient fondues. Puis versez le cacao, mélangez encore une fois et retirez du feu.

2 - Versez la préparation dans un saladier rempli de riz soufflé et de flocons d'avoine, puis mélangez.

3 - Dans un plat en silicone rectangulaire, étalez la préparation riz soufflé/flocons d'avoine et laissez refroidir pendant au moins une heure.

4 - Démoulez et découpez le gâteau en plusieurs barres.

5 - Faites fondre le chocolat au bain-marie. Plongez les barres de chocolat jusqu'à la moitié, puis laissez refroidir.

1H30

8 barres

5 minutes

Vous pouvez rajouter à la préparation différentes sortes de céréales, ainsi que de la noix coco et des arachides.

Pâté en croûte Molly Weasley

- 1 pâte brisée.
- 4 tranches de jambon fumé coupées en deux.
- 200 g de terrine de campagne.
- 2 œufs.
- 1 jaune d'œuf.

1 - Préchauffez le four à 200 °C.

2 - Dans une casserole remplie d'eau, déposez-y les œufs. Faites-les cuire pendant 10 minutes. Puis passez-les sous l'eau froide. Enlevez la coquille et coupez-les en deux.

3 - Découpez la pâte brisée en quatre.

4 - Disposez sur chaque carré de pâte, 1/2 tranche de jambon fumé, 50 g de pâté de campagne, ½ œuf et une autre ½ tranche de jambon fumé.

5 - Recouvrez le tout de pâte brisée en pliant en portefeuille. Dorez-les avec un jaune d'œuf à l'aide d'un pinceau.

6 - Mettez au four pendant 30 minutes.

50 minutes

4 personnes

30 minutes

Vous pouvez faire la même recette en remplaçant l'œuf, le jambon fumé et la terrine, par des morceaux de pommes et du fromage.

Gillywater

- 1 concombre.
- 3 brins de menthe.
- 1/2 citron vert.
- 2,6 l d'eau minérale.

1 - Lavez le concombre et coupez les extrémités. Pelez-le soigneusement verticalement jusqu'à atteindre les graines.

2 - Lavez les feuilles de menthe délicatement et pressez le citron vert.

3 - Dans une grande cruche, placez le concombre en lamelles fines, la menthe et le jus de citron. Versez l'eau dedans.

4 - Couvrez-le et placez-le au réfrigérateur pendant au moins 1 heure avant de servir.

1H10

6 personnes

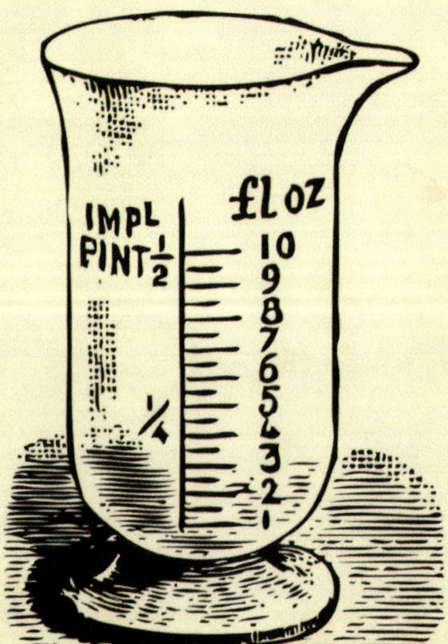

Sachez que plus vous le laissez infuser longtemps, plus la saveur sera forte. De même, vous pouvez ajouter des tranches de citron au lieu du jus, mais il ne faut pas oublier de les retirer au risque de rendre la boisson trop acide.

Gâteau à la crème décoré de violettes en sucre des Mason

- Une pâte brisée.
- De la confiture de cranberry.
- 20 cl de crème liquide.
- 200 g de mascarpone.
- 200 g de Philadelphia.
- 3 c. à soupe de sucre glace.
- 1 c. à café d'extrait de vanille.
- Des violettes en sucre.

30 minutes

6 personnes

20 minutes

1 - Préchauffez le four à 180°C.

2 - Beurrez un moule à tarte, puis mettez la pâte brisée en faisant attention de bien enlever les bords. Mettez du papier sulfurisé dessus, ainsi que des billes en porcelaine. Enfournez pendant 20 minutes.

3 - Dans un grand bol froid, versez la crème liquide, le mascarpone, et la Philadelphia. Puis battez-les avec un fouet électrique jusqu'à ce qu'elles montent en chantilly. Ajoutez le sucre glace et l'extrait de vanille, fouettez une dernière fois à la vitesse maximale pour serrer la crème.

4 - Dans le fond de tarte, étalez une épaisse couche de confiture de cranberry. Puis déposez toute la crème chantilly, avec l'aide d'une poche à douille ou d'une spatule.

5 - Mettez au frais, puis décorez de violettes en sucre avant de servir.

Vous pouvez remplacer la confiture de Cranberry par d'autres confitures, permettant de dériver cette tarte en plusieurs saveurs selon les saisons.

Chocolat chaud onctueux de Stan & du Magicobus

- 60 cl de lait.
- 8 cl de crème liquide entière.
- 90 g de chocolat noir.
- 2 c. à soupe de sucre.
- 1 pincée de cannelle.

1 - Dans une casserole, faites chauffer le lait.

2 - Ajoutez le chocolat cassé en morceaux, le sucre et la crème liquide.

3 - Cuire 10 minutes à feu doux en remuant régulièrement au fouet.

4 - Versez dans des tasses et saupoudrez de cannelle.

12 minutes

4 tasses

10 minutes

Pour plus de goût vous pouvez remplacer le sucre par du sucre vanillé.

Cake anglais de la tante Petunia

- 1 boîte d'ananas au sirop.
- 250 g de fruits confits en dés.
- 150 g de raisins secs.
- 4 œufs.
- 180 g de beurre mou.
- 280 g de farine.
- ½ sachet de levure.
- 160 g de sucre.
- 10 cl d'eau.

1H30

6 personnes

1H00

Pour un goût plus authentique, vous pouvez remplacer l'eau par du rhum.

1 - Taillez les rondelles d'ananas en dés et gardez de côté le sirop.

2 - Réhydratez les raisins sec dans le sirop d'ananas et l'eau.

3 - Dans un saladier, fouettez le beurre avec le sucre. Ajoutez ensuite les œufs un par un, tout en fouettant.

4 - Dans un autre saladier, mélangez la farine, la levure, les fruits confits, les morceaux d'ananas, les raisins et leur jus.

5 - Ajoutez la préparation au mélange beurre-œufs. Mélangez délicatement.

6 - Versez la pâte dans un grand moule à cake beurré et fariné.

7 - Mettez au four pendant 30 minutes à 180 °C, puis encore 30 minutes mais à 160 °C.

8 - Laissez refroidir avant de démouler.

Gâteau d'Anniversaire d'Hagrid

- 6 œufs.
- 200 g de sucre.
- 170 g de farine.
- 1 sachet de levure.
- 40 g de cacao en poudre.
- 140 g de pépites de chocolat.
- 100 g de pistaches décortiquées.
- 10 cl crème liquide froide.
- 50 g de mascarpone.
- 2 c. à soupe de sucre glace.

Le nappage :
- 150 g de beurre mou.
- 3 c. à soupe de crème liquide.
- 325 g de sucre glace.
- Du colorant rose.
- Du colorant vert.
- 2 c. à café d'arôme de pistache.

2H00

6 personnes

20 minutes

Pour bien faire monter en chantilly, il faut que la crème fraîche liquide et le mascarpone soient très froids ainsi que le saladier dans lequel elles seront mélangées.

1 - Coupez les pistaches en morceaux grossiers.

2 - Dans un saladier tamisez la farine, la levure et le cacao ensemble. Mélangez-en deux cuillères à soupe avec les pépites de chocolat et les pistaches.

3 - Dans un autre saladier, battez les œufs avec le sucre au batteur électrique, jusqu'à ce que le mélange double de volume.

4 - Incorporez délicatement le mélange farine-cacao, puis les pépites et les pistaches.

5 - Versez la pâte dans un moule circulaire, beurrez et farinez. Enfournez pendant 20 minutes à 180°C.

6 - Laissez le gâteau refroidir, avant de le couper en deux.

7 - Dans un grand bol froid, versez la crème liquide et le mascarpone. Avec un fouet électrique, battez les crèmes jusqu'à ce qu'elles montent en chantilly. Ajoutez le sucre glace, fouettez une dernière fois à la vitesse maximale pour serrer la crème.

8 - Répartissez la chantilly sur la génoise, puis déposez l'autre génoise délicatement par-dessus et réfrigérez 30 minutes.

9 - Dans un saladier, fouettez le beurre au batteur électrique jusqu'à ce qu'il soit crémeux. Incorporez le sucre glace en trois fois. Battez pendant 10 minutes, plus mettez petit à petit la crème liquide et l'arôme de pistache tout en fouettant.

10 - Transférez 4 cuillères à soupe du mélange dans un petit bol. Dans le saladier mettez le colorant rose, et dans le bol le colorant vert.

11 - Étalez le nappage rose sur tout le gâteau. Puis à l'aide d'une poche à douille remplie de crème au beurre verte écrivez la phrase « HAPPEE BIRTHDAE HARRY ». Laissez au frais pendant 1 à 2 heures.

HAPPEE
BIRTHDAE
HARRY

Hydromel du chevalier du Catogan

- 300 g de miel d'oranger.
- zeste d'une orange.
- 5 clous de girofle.
- 1 litre d'eau minérale.

2H15

4 personnes

15 minutes

Si vous voulez que la boisson soit alcoolisée, il faut remplacer la moitié de l'eau par de l'eau-de-vie. Par contre, il faudra faire macérer pendant 8 jours.

1 - Dans une casserole, versez l'eau, le miel, les clous de girofles et le zeste d'orange. Porter à ébullition jusqu'à réduction de moitié.

2 - Filtrez le liquide et laissez refroidir à température ambiante pendant 2 heures.

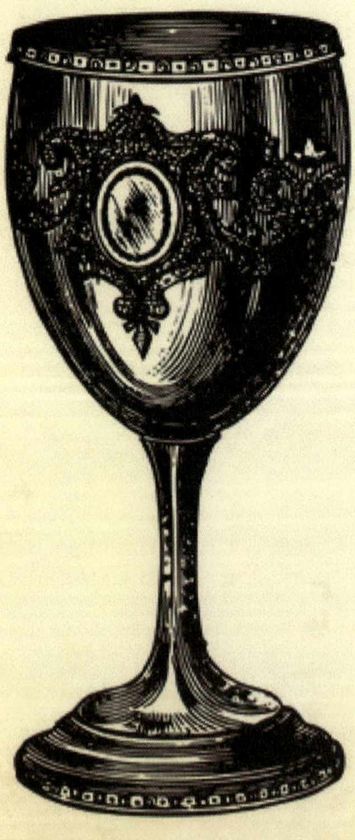

Beignet de Jam Doughnut

- 300 g de farine.
- 15 cl de lait chaud.
- 50 g de beurre fondu.
- 1 pincée de sel.
- 50 g de sucre.
- 1 cube de levure boulangère.
- ½ c. à café d'extrait de vanille.
- 2 jaunes d'œufs.
- Du sucre blanc.
- De l'huile de friture.
- De la pâte à tartiner ou de la confiture.

3H30

30 beignets

2 minutes

1 - Dans un bol, mélangez une cuillère à soupe de lait tiède avec la levure et ½ cuillère à café de sucre. Laissez reposer quelques minutes.

2 - Dans un saladier, mélangez les jaunes d'œufs, le beurre, et l'extrait de vanille dans le lait.

3 - Mélangez ensuite délicatement la farine, le sel, le sucre et la levure. Pétrissez pendant quelques minutes jusqu'à ce que la pâte soit très souple.

4 - Formez ensuite une boule, mettez-la dans un bol et laissez-la lever pendant 2 heures.

5 - Sur un plan de travail fariné abaissez la pâte avec un rouleau. Puis, découpez les beignets avec un emporte-pièce circulaire.

6 - Formez des boules en enfermant la confiture ou la pâte à tartiner au milieu des beignets.

7 - Déposez les beignets sur une plaque de cuisson tapissée de papier sulfurisé et couvrez-les d'un torchon humide, sans qu'il ne touche la pâte et laissez-les lever une dernière fois pendant 1 heure.

8 - Dans une casserole faites chauffer l'huile de friture. Puis déposez-y un beignet, un seul à la fois pendant 1 minute, jusqu'à ce que les deux côtés soient dorés.

9 - Égouttez-les et déposez-les sur du papier absorbant et laissez refroidir.

10 - Saupoudrez les beignets de sucre glace.

Vous pouvez aussi mettre du caramel au beurre salé ou simplement du chocolat à l'intérieur des beignets.

Fondant maison de Molly Weasley

- 200 g de chocolat noir.
- 150 g de beurre.
- 3 œufs.
- 160 g de sucre.
- 1 pincée de sel.
- 125 g de farine.
- ½ sachet de levure.

1 - Préchauffez le four à 170 °C.

2 - Remplissez une casserole d'un peu d'eau puis mettez 100 g de chocolat noir dans un saladier et faites le fondre au bain-marie. Laissez refroidir.

3 - Travaillez le beurre jusqu'à obtenir une pommade puis ajoutez le chocolat fondu.

4 - Ajoutez les œufs un à un puis le sucre, le sel et la farine tamisée avec la levure.

5 - Beurrez plusieurs ramequins ou moules individuels. Puis répartissez une cuillerée à soupe de pâte dans chaque moule.

6 - Enfournez pendant 7 minutes. Puis sortez-les et déposez le reste de la préparation. Mettez ensuite un à deux carrées de chocolat au milieu de chaque gâteau.

7 - Poursuivez la cuisson pendant encore 15 minutes.

15 minutes

6 personnes

25 minutes

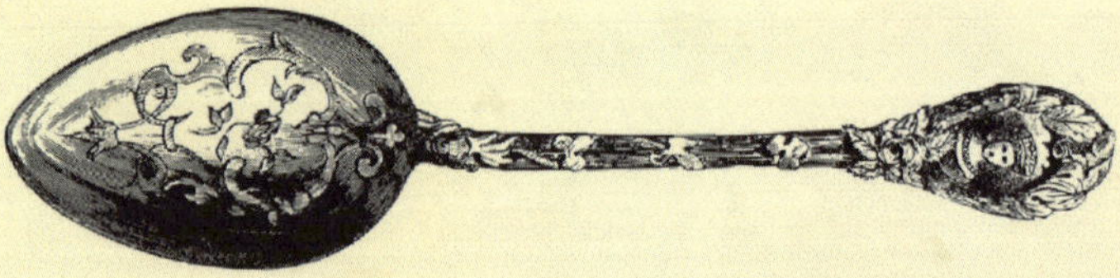

Vous pouvez mettre à la place du chocolat noir, du chocolat blanc ou au lait pour varier les plaisirs.

Biscuits durs d'Hagrid

- 300 g de farine.
- 200 g de beurre.
- 100 g de sucre.
- 1 c. à café d'arôme vanille.

1 - Dans un saladier, mélangez tous les ingrédients, jusqu'à former une boule de pâte homogène.

2 - A l'aide d'un rouleau, étalez la pâte sur une feuille de papier sulfurisé.

3 - Mettez-la au réfrigérateur pendant 15 minutes.

4 - Préchauffez le four à 150°C.

5 - Découpez les biscuits à l'aide d'un emporte-pièce et déposez-les sur une plaque de cuisson recouverte de papier sulfurisé.

6 - Enfournez pendant 30 minutes, ils doivent être légèrement blonds.

45 minutes

40 biscuits

30 minutes

Vous pouvez remplacer l'arôme de vanille, par de l'arôme d'amande, si vous n'aimez pas ce goût.

Sandwich au Bacon du Terrier

- 2 tranches de pain de mie blanc.
- 1/2 tomate.
- De la mâche.
- 2 tranches de bacon.
- 2 c. à café de moutarde.

1 - Dans une poêle, faites cuire le bacon jusqu'à ce qu'il soit bien craquant. Mettez de côté pour qu'il refroidisse.

2 - Découpez la tomate en tranches fines.

3 - Répartissez la moutarde sur les deux tranches de pain de mie et disposez-y la mâche, le bacon et les tranches de tomate.

4 - Puis, placez la deuxième tranche de pain de mie.

5 minutes

1 sandwich

1 minute

Vous pouvez mettre de la mayonnaise, si vous n'aimez pas les sauces fortes comme la moutarde.

Gigot de Mason

- Un gigot d'agneau de 2 kg.
- Sel et poivre.
- 75 g de beurre.
- 6 gousses d'ail.
- 15 cl de vinaigre de cidre.
- 90 g de sucre.
- 1 bouquet de menthe.

30 minutes

6 personnes

20 minutes

1 - Préchauffez le four à 220 °C.

2 - Épluchez les gousses d'ail.

3 - Dans un plat à rôtir, mettez le gigot. Puis, faites six incisions dans le gigot à l'aide d'un couteau et insérez-y les gousses d'ail. Salez et poivrez abondamment.

4 - Coupez le beurre en morceaux et mettez-le sur le gigot.

5 - Enfournez le tout pendant 20 minutes. Si vous aimez le gigot plus cuit, laissez-le encore 10 minutes.

6 - Pendant ce temps, lavez et ciselez finement la menthe.

7 - Dans une petite casserole, faites chauffer le vinaigre de cidre avec le sucre. Portez à ébullition et retirez du feu.

8 - Ajoutez la menthe et laissez refroidir avant de servir avec le gigot.

La sauce à la menthe peut se conserver pendant plusieurs jours si elle est mise dans un pot hermétique. Elle se mange aussi avec différentes sortes de viande.

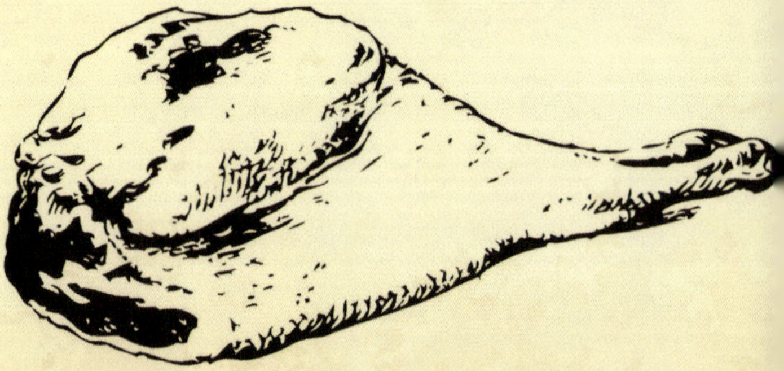

Hamburger de Dudley

- 2 pains Burger.
- 4 tranches de bacon.
- 1 tomate.
- 1 oignon.
- De la salade.
- 4 tranches de Gouda.
- 4 c. à soupe de moutarde.
- 3 c. à soupe de ketchup.
- 1 c. à café de sauce Worcestershire.

1 - Nettoyez et coupez la tomate en rondelles.

2 - Hachez l'oignon. Puis, dans une poêle avec du beurre faites-le blondir. Mettez-le de côté.

3 - Dans un grand bol, mélangez la moutarde, le ketchup et la sauce Worcestershire.

4 - Dans une poêle, faites fondre une petite quantité de beurre et faites cuire les steaks hachés à feu vif, environ 2 minutes de chaque côté. Puis les tranches de bacon jusqu'à ce qu'elles soient bien croquantes.

5 - Tartinez chaque face des pains Burger avec la sauce Ketchup/moutarde. Sur le pain de base Déposez les oignons, deux tranches de bacon, une tranche de gouda, le steak, de nouveau une tranche de gouda, puis les tomates et la salade. Pour finir, recouvrez avec le chapeau.

20 minutes

2 personnes

5 minutes

Vous pouvez faire fondre les tranches de gouda en les mettant à cuire sur les steaks alors qu'ils sont dans la poêle.

Rhum groseille du ministre de la Magie

- 50 g de groseilles fraîches.
- 30 cl d'eau gazeuse.
- 1 c. à soupe de sirop de cassis.
- 1 c. à soupe de sirop de sucre de canne.
- 1 c. à soupe de jus de citron.

1 - Lavez et essuyez les groseilles.

2 - Mixez les groseilles avec le sirop de sucre de canne et le jus de citron.

3 - Dans un verre, versez le mélange à la groseille et le sirop de cassis. Mélangez.

4 - Versez ensuite l'eau gazeuse et ajoutez des glaçons.

5 minutes

2 verres

Pour la version alcoolisée rajoutez 3 cl de rhum avant l'eau gazeuse.

Petit-déjeuner après l'échappée nocturne

- 2 saucisses.
- 2 œufs frais.
- Sel et poivre.
- Des muffins Anglais.
- Du beurre.
- Une petite boîte de haricot blanc à la sauce tomate.

1 - Coupez en deux les muffins et tartinez-les de beurre.

2 - Dans une casserole, faites réchauffez à feu moyen les haricots blanc en tournant de temps en temps.

3 - Dans une petite poêle, faites fondre un peu de beurre. Puis cassez les œufs. Laissez cuire à feu moyen jusqu'à ce que le blanc ne soit plus transparent, puis déposez-les dans des assiettes. Salez et poivrez.

4 - Dans une grande poêle, faites fondre un peu de beurre à feu vif. Déposez les saucisses et faites les dorées. Salez et poivrez. Continuez la cuisson pendant 12 minutes à feu doux en retournant par moments. Puis déposez-les dans des assiettes.

20 minutes

2 personnes

15 minutes

Ce petit-déjeuner peut se savourer avec un bon chocolat chaud, un café ou un thé fort.